JN440759

똥꼬발랄한 고양이

이 도서의 국립중앙도서관 출판예정도서목록(CIP)은 서지정보유통지원시스템
홈페이지(http://seoji.nl.go.kr)와 국가자료공동목록시스템(http://www.nl.go.kr/kolisnet)에서
이용하실 수 있습니다. (CIP제어번호 : CIP2018020057)

초판 1쇄 발행 2018년 7월 9일

지은이 박보현
편집 이의섭 **디자인** 이동현

펴낸이 임병천
펴낸곳 책나무출판사
출판신고 2004년 4월 22일(제318-00034)

주소 서울시 영등포구 신길3동 325-70 3F
전화 02-338-1228 **팩스** 0505-866-8254
홈페이지 www.booktree.info

ISBN 978-89-6339-582-1 03810

박보현 고양이 시집

책나무출판사

프롤로그

나는 이런 고양이를 사랑할 수밖에 없습니다

고양이와 시작한 묘한 인연. 처음에는 예쁜 애완동물로 고양이와 생활이 시작되었지만 하루하루 함께 동고동락하면서 이제는 가족이 되었다. 고양이에 대해 배워가고 생명을 돌보는 소중함을 경험하며 날마다 힘을 얻고 위로를 받으며 서로를 의지하게 되었다. 고양이에 대한 나쁜 편견들을 가지고 있는 세상 사람들에게 사랑스러운 고양이의 매력을 알려주고 싶다. 외롭고 삶이 지친 이들에게 고양이와 함께 있는 것만으로도 치유될 수 있음을 이야기하고 싶다. 고양이의 존재만으로도 저절로 미소가 지어지고 기분이 좋아진다. 온종일 야옹야옹 수다쟁이로 눈만 마주치면 달려와 부비부비하는 개냥이, 나는 이런 고양이를 사랑할 수밖에 없다.

고양이 소개

시의 주인공인
세 고양이를 소개합니다

나비

우아한 미모의 아가씨

2015년 3월생 (암컷)

노랑이

호기심 많은 애교쟁이

2015년 3월생 (수컷)

벼리

수줍은 도도함을 가진 왕비

2013년 2월생 (암컷)

목차

1장

3장

이 세상의 모든 고양이들이
행복하길 소망하며….

1

태초에 신은
인간을 창조하였으나
인간이 너무나 나약해 보여
고양이를 주셨다.

워렌 에크스타인

나도 고양이
한 마리가 있었으면 좋겠다

반겨주는 이가 없는 현관문
어두컴컴한 방
쓸쓸한 식탁
온기 없는 인스턴트 한 끼
혼자서만 중얼거리는 텔레비전
고요함에 사무치는 암흑 같은 밤
가슴속에서 쓴 물이 나온다

이제는
나도
고양이 한 마리가 있었으면 좋겠다

새끼 고양이

우리 집에
태어난 지 두 달 된
새끼 고양이가 왔다

주먹만 한 크기
부드러운 털
작고 앙증맞은 손발

고개를 바닥에 처박고 졸고 있는 모습
자기 집인 양 침대 위를 장악하는 모습
나의 주변을 졸졸졸 따라다니는 모습

오래전부터
우리 집 식구였던 것처럼

새끼 고양이는 행동한다

냥이야

오랫동안 나랑 건강하게 살자

고양이가 말을 한다

고양이가 말을 한다
모하 냥
밥 달라 냥
간식 달라 냥
놀아 죠 냥
귀찮게 하지 마 냥
화장실 지저분해 냥
고양이는 늘 말을 한다
집사에게…

꼬리의 언어

고양이가 꼬리를 탁탁 친다
기분이 좋아서 헤헤거리며
꼬리를 바닥에 탁탁 친다

고양이가 꼬리를 살랑살랑거린다
무슨 상념이 많은지 먼 산 바라보며
꼬리를 살랑살랑거린다

고양이가 꼬리털을 세운다
무엇에 심통이 났는지 씩씩거리며
꼬리털을 세운다

고양이 꼬리가 그네를 탄다

무료한 시간을 그네에 태워

꼬리를 흔들어 본다

알레르기

고양이 털 알레르기가 있다
고양이 비듬 알레르기가 있다

콧물이 줄줄
피부가 근질근질
폐장을 토하는 기침
쓴 물 나는 눈

사랑하는 고양이랑
함께 살 수 없다고 한다

슬프다
마음이 괴롭다

큰 눈을 동그랗게 뜨고
살랑살랑 나의 품에 안기는
고양이

내 가슴 깊은 곳에서
울먹울먹 슬픔이 올라온다

나의 온몸이 슬픔으로 가득하다

주사

한 달에 한 번씩
면역 주사를 맞는다

매일 밤마다
항히스타민제를 먹는다
그래도
피부, 코, 눈에
알레르기가 올라온다

숨도 못 쉬는 괴로움
주체 못 하는 가려움
귀여운 냥이
모습에 위로를 받아

오늘도 힘내어

약을 먹고

주사를 맞는다

언젠가는

냥이들과 함께

뒹굴 그 날을 기약하며

우울한 날

내가 우울한 날
가만히 방바닥에
홀로 웅크리고 앉아 있다

티비 화면도 안 보이고
핸드폰 벨소리도 안 들리고
배도 고프지 않다

아무런 생각도 하고 싶지 않고
아무런 소리도 내고 싶지 않다

구석진 곳에 있던
고양이가
어느새 내 앞에 앉아 있다

고양이가 나에게 말을 한다
힘내

4

모피 코트

삼색 냥이
흰색 털에
검은색과 황토색

나비는
더운 여름에도
모피 코트를
늘 입고 있다

하얀 양말

빨간 리본을 맨 나비는
늘 하얀 양말을 신고 다닌다

살금살금
테이블 위에서도

폴짝폴짝
책장 사이에서도

콩콩콩
침대 이불 속에서도

우다다
마룻바닥에서도
달달달
목욕 중에도
빨간 리본을 맨 나비는
매일매일 하얀 양말을 신고 다닌다

짬뽕 국물

맛나게 먹고 난
짬뽕 그릇

우다다
나비가 식탁 위를
달린다

우당탕탕

나비의 하얀 양말이
짬뽕 그릇에 빠졌다

식탁 위에도
의자에도
마룻바닥에도
침대 이불 위에도

나비의 발자국이
남았다
짬뽕 국물 발자국

눈빛

동그랗게
아련하고 깜찍한
눈빛으로
말을 한다

간식 주세요

낮잠

잠꾸러기 고양이는 오늘도 낮잠을 잔다
팔다리를 늘어뜨리고 누웠다

어떤 날은 침대 위에서
어떤 날은 화장대 위에서
어떤 날은 의자 위에서
어떤 날은 문지방에서

고양이는 장소를 가리지 않고
누운 곳에서 그르렁 가르랑거리며
단잠을 잔다

고양이는 불러도
오지 않는다

나비야
노랑아
고양이를 불러 본다
이들은 부름을 들었는지 말았는지
후다닥
도망치듯 숨어 버린다

나비야
노랑아
고양이를 불러 본다
다가오지 않고 나를 쳐다본다

나비야
노랑아

고양이를 불러 본다

오늘도
일정한 거리를 유지한 채
고양이랑 나는 밀당 중이다

밤마다

모두가 잠든 시간
밤 12시만 되면
고양이는 후다닥
온 집 안을 탐색한다

화장대 위 휴지 케이스를 톡
주방 싱크대 위 유리컵을 톡
책상 위 필통을 톡
선반 위 액자를 톡
창문 문지방 화분을 톡
식탁 위 물 주전자를 톡

모두가 잠든 시간
고양이의 톡, 톡, 톡에
물건들은 자지러지게
울분을 토한다

탈출

머리 좋은 고양이가 방충망을 열고 탈출한다
하늘 햇살 한번 바라보고
마당에서 뒹굴뒹굴 자유를 맛보고 있다

힘센 고양이가 문을 열고 탈출한다
혼자서 신나
야호를 부르며 여기저기를 뛰어다닌다

호기심 많은 고양이가 서랍을 열어 본다
그리고 그 안으로 쏙
포근한 옷 품에 안겨 잠을 청한다

용감한 고양이가 담장을 뛰어넘는다
후다닥
달리기 시합을 한다

중성화 수술

오늘은 땅콩 떼는 날
오랜만의 외출
신이 난 냥이

알코올 냄새를 맡았는지
긴장감 가득
겁먹은 냥이

마취 주사 한 방에
고요해진 시간
미안해 냥이야

기운이 없는지
해 질 녘까지
시무룩한 냥이

깔때기를 목에 두르고

돌고 돌고 돌고

우주와 교신하는 냥이

노랑이의 땅콩이 사라졌다

야매 미용

날리는 털로 인해
바리캉이 나선다

고양이 등 위로
바리캉이 덜컹덜컹

바리캉이 지나간 자리
잡초가 듬성듬성

바리캉의 잉잉 소리에
고양이 얼굴 수심이 가득

바리캉에게
절대 배를 보여주지 않는 자존심

일을 마친 바리캉에게
펀치를 날리는 고양이

뿔난 고양이
못순이가 되었네

목욕

그 날을 위해
손발톱을 미리 자른다
적당히 간식을 준다

기분이 좋은 날
결전의 순간이다
나는 목장갑을 끼고

욕조 안에 따신 물을
가득 받고
긴 호흡을 한다

냥이를 구슬려
욕실로 인도한다
그리고 문을 잠근다

앙칼진 울음소리
날카롭게 세운 발톱
발버둥 치는 힘

나는 패잔병이 되어 욕실을 나선다

고양이 세수

밥을 먹고 세수를 한다
한 손으로 얼굴을 닦는다

낮잠을 자고 일어나 세수를 한다
한 손으로 몸을 닦는다

한 놈이 세수를 하면
다른 한 놈도 세수를 시작한다

고양이 세수는
퍼져나가는 전염병인가

털뭉치

털이 날린다
고양이가 지나간 자리에
뭉게뭉게
털이 날린다

2

고양이 애호가와
고양의 관계는 주종의 관계로
설정할 수밖에 없다.
고양이가 주인이다.

아더 R 카신

눈동자

시시각각 변화하는 눈동자
호기심이 발동하면
커다란 까만 눈

기분이 좋지 않으면
호박색 예리한 칼날 같은
가느다란 눈

놀란 토끼눈
게슴츠레한 눈
화난 눈
졸린 눈
그 안에 우주가 들어있는
아름다운 눈동자

개냥이

발라당하는 냥이
머리를 만져주면
골골 송으로 화답

껌딱지 냥이
사람 옆에 붙어있는 게 좋아
개냥이 미소로 화답

귀여운 냥이
비집고 들어와서는
몸을 쭈그리고 앉아
애교 작살로 화답

뚱꼬발랄한 고양이

신이 주신
귀요염 열매를 먹고

발라당 하얀 배를
배시시 보이며

초롱초롱한 눈으로
애교 작살 레이저를 쏘며

찹쌀떡을 잘
빚을 거 같은 모찌 손으로

냐옹냐옹

나에게 마법을 건다

찹쌀떡

말랑말랑 찹쌀떡
한번 만져 보고 싶어
슬쩍 손을 올린다

꽁꽁 숨겨두고
자기 혼자
핥아 먹는다

말랑말랑 하얀 찹쌀떡
한번 만져 보고 싶어
애교를 부린다

쳇 내가 만졌다고
금세
숨겨서 잔다

꽃잠

새근새근

골 골 골

고양이 낮잠 시간이다

꽃놀이를 하는 걸까

꽃길을 걷고 있는 걸까

꽃향기에 취해있는 걸까

꿈같은 고양이 꽃잠 시간이다

놀이

고양이 놀이 시간이다
어디선가 알약 캡슐 껍질을 가져와 논다

마냥 신나게 논다

저렇게 사소한 것을
가지고도 즐거워한다

사소한 것도
하루가 즐겁다

지금 필요한 것은 껍질과 시간이다
지금은 고양이 놀이 시간이다

순한 고양이

사람을 좋아해서
언제나 사람을 졸졸졸

호기심이 많아서
바람에 날리는 나뭇잎에도 헤헤헤

어쩌다 던져주는
맛난 간식에도 냥냥냥

반갑게 이름 불러주면
신나게 옹옹옹

나뭇가지 하나로
같이 놀아 주면 히히히

꽃냥이

향기 가득한 장미 다발
온 집 안이
장미 향기로 진동한다

향기내음에 따라
꽃냥이들이 우르르
장미꽃에 부비부비

꽃잎을 뜯어 먹는다
결국 엎질러 버린 꽃병
꽃병이 방으로 피신

그 자리를 대신
꽃냥이들이 지킨다

봄볕

아기 고양이가
코를 땅에 박고 졸고 있다

봄바람이 콧소리로
조르네
놀자고

봄볕이 눈빛으로
꼬시네
자자고

아기 고양이가
털을 바람에
맡기고

아기 고양이가

봄볕에

몸을 맡긴다

소리

여름 창가에
고양이와 나란히 앉아
여름의 소리를 듣는다

매미 소리
바람 소리
나뭇잎 흔들리는 소리
뜨거운 햇살 소리
지나가는 구름 소리
한 폭의 풍경 소리

소란한 적막을
고양이와 나란히 앉아
함께 듣는다

수다쟁이

고양이는 수다쟁이
무엇이 궁금한지
어디든 따라다니며
하는 일마다 일일이
참견하고 다닌다

고양이는 수다쟁이
무엇이 궁금한지
어디든 따라다니며
나에게 질문을 한다

고양이는 수다쟁이
무엇이 궁금한지
어디든 따라다니며
나의 발걸음 사이사이

시비를 건다

고양이는 수다쟁이
무엇이 궁금한지
어디든 따라다니며
잠든 내 옆에 앉아
노래를 한다

위로

고양이가
나에게 말을 한다

고양이가
나에게 손을 흔든다

고양이가
나에게 품을 내어준다

고양이가
나에게 눈빛을 건넨다

고양이가
나를 위로하고 있구나

나의 친구

고양이

몸살

죽 사러 간
남편은 반나절이 지나도
깜깜무소식

관절 마디가 끊어지는 고통
폐장을 후벼 파는 고통에
눈물이 찔끔

나의 아픔을 아는지
냥이는 침대 곁에 앉아
나만 쳐다보고 있다

아니
냥이가 곁을 내어주어
내가 그 품에서

온기를 얻는다

고양이의 기도

오늘 하루도
기지개를 켜고
시작해 보자냥

무한 사료 공급
배를 채우자냥

마음 구멍

외로움으로 인해
쓸쓸한 공간이
마음에 구멍이 되었다

구멍은 막는 게 아니라
구멍은 메우는 것

마음속의 구멍을
채우기 위해

고양이를 빌려드립니다

도도한 고양이

자신감이 넘치는 도도함
앞발을 들고 한 걸음 한 걸음 옮기는 섬세함
부드럽고 매혹적인 당당함
묘한 매력이 있는 치명적인 귀여움
목에 달린 방울은 호사스럽게 보여진다

애완동물을 거부하는 고양이
자신이 예쁘다는 사실을 알고 있는 듯
그것을 권력 삼아 사람을 지배한다

만지려 하면 손길을 거부하며
일정한 거리를 유지한 채
참치 캔을 당연한 듯한 표정으로 먹어치운다

동그랗게 눈을 크게 뜨며 이렇게 말한다
오래전 너희 인간은 나를 신으로 모셨다
내게 예의를 갖춰라

고양이 수염

나비와 노랑이가
선물로 준 고양이 수염

행운의 선물

가끔 한 개씩 발견할 때면
기분이 좋아지는 고양이 수염

붙잡고 소원을 빌어보자

너희와 함께 사는 것도
최고의 행운

건강하게 오래오래 살자

행운을 잡는 사냥꾼들아

캔과 츄르

똑
캔 따는 소리에
어디선가
고양이가 출동한다

츄르 봉지 소리에
어디선가
고양이가 달려온다

소머즈 귀를 가지고 있는지
캔과 츄르 소리에
고양이가 열광한다

캔과 츄르를 들고 있는
나에게 초롱초롱한

눈으로 귀여운 향기를
남발한다

평소에는 불러도
듣는 척 만 척 하더만

캔과 츄르에게는
신이시여
함께 내려주소서
기원을 한다

집사의 하루

아침에 눈을 뜨면
늘 늦잠 자는 냥이 님이
기침하셨는지 살피는 집사

냥이 님의
사료를 가득 채우고
신선한 물을 공급하는 집사

냥이 님의
화장실에서
감자와 맛동산을 캐는 집사

냥이 님의
"야옹" 부름에
달려가는 집사

냥이 님의
간식 타임에
캔을 따는 집사

냥이 님의
뿌려 놓은 털로 인해
테이프클리너을 잡는 집사

냥이 님의
운동을 위해
장난감 깃털로 놀이에 열중하는 집사

냥이 님의
안락한 잠자리를 위해
폭신한 이불을 준비하는 집사
집사의 하루는 바쁘다 바빠

고양이가 나를 택했다

태연한 모습으로
주변을 빙빙 돈다

내 몸을 툭툭 치며
몸을 문지른다

내 마음을 너에게

내가 고양이를 택한 것이 아니고
고양이가 나를 택했다

간택 받은 나는
오늘도 고양이 밥셔틀을 하고 있다

3

나는 개와 고양이를
제대로 대접해 주지 않는
인간의 종교에는
별 흥미가 없다.

에이브러햄 링컨

고양이 시인

고양이는 시인이라네

흐르는 바람을 느끼며
구르는 낙엽에도 손짓하며
하늘의 구름에도 방긋하며
한 줌의 사료에도 만족하며

조그마한 것에도
낭만을 즐기는
고양이는 시인이라네

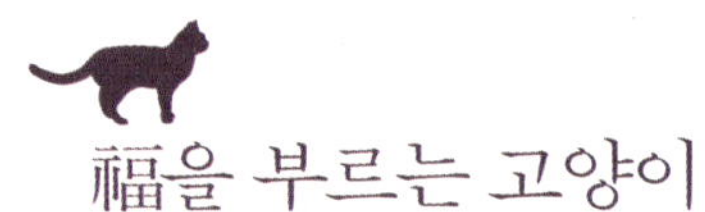

福을 부르는 고양이

외로운 사람에게는 든든한 벗

삶에 지친 사람에게는 위로의 힘

손을 더 많이 들어 행운을 부른다

고 선생

무욕의 마음을 배운다
참선하는 선승의 자세와 분위기에서
무엇인가를 바라보고 있지만
정작 무엇인가를 보는 것이 아닌
그런 시선

나는
무엇인가를 의도적인 게 있고
마음속에 생각의 끈이 떨어지지 않는
여러 가지 마음 끊임없이 움직이는
그런 미련

나는 명상과 참선을 한다지만
고 선생의 마음 경지에
오르긴 어렵다

9월 9일

오랠 구 구할 구
구하고 구한다
오래 살기를 기원 담아
선포한다

길에서 사는 고양이도
배곯지 않고
가지고 태어난 나이만큼 살기를 기원 담아
선포한다

무사해라
행복하게 사는 날이
지속되길 기원을 담아
선포한다

9월 9일은

고양이 날이다

타로

부채 모양으로 춤추는 카드 판
너울너울 카드들의 속삭임
감정의 교류 속에
떨고 있는 카드 한 장
너와 나 숨바꼭질 속에
빠른 눈빛 스캔
긴장감 속에
어디선가 고양이 한 마리
앞발로 카드에
발자국 도장 꾹
초이스 당한 카드 한 장
뒤집어져 울분을 토한다

궁딩이 팡팡

쓰윽 궁딩이를 들이민다
팡팡팡 두드려 주면
좋아라

자꾸 궁딩이를 내민다
하늘까지 올라가는 궁딩이
팡팡팡

기분이 최고인지
나에게 부비부비
골 골 골

궁딩이 팡팡 중독이다

택배상자

택배가 도착했다

전생에 무슨 인연인가
상자만 보면 환장하는
너

상자에 들어가서는
나오지 않고 엉긴다

상자 안에 꽁꽁
아무리 불러봐도
대답 없는 너

전생에 무슨 인연인가
무슨 질긴 사연이 있는지

상자와 혼연일체가 되어

나올 의지가 없는 너

마실

날이 좋아서
날이 괜찮아서
날이 살랑거려서
발걸음도 경쾌해서
높이 추켜올린 꼬리가
그네를 타네
마실 가기 좋은 날이다

고양이 마을

등나무 그늘
시원하니 좋다냥

졸졸 흐르는 시내
달콤하니 좋다냥

장독 항아리 위
일광욕하니 좋다냥

넘어진 풀숲
쉬어가기 좋다냥

고양이 마을은
고양이 놀이 중이다

행복절

아무도
고양이를
미워하지 않는
세상

아무도
고양이를
굶기지 않는
마을

아무도
고양이를
학대하지 않는
골목

고양이에게

복된 날

이런 세상이

오기를…

동물학대

고양이를 버리라고 소리를 지른다

칼 같은 큰소리
묵직한 무기 같은 손
큰 덩치의 검은 그림자
잔인한 코 고는 소리

나와 고양이는
구석진 자리에서
밤새 뜬눈으로
피멍이 든 채 숨소리도
내지 못하고 있다

쥐잡이

큰 쥐가 잡혔다

너희들은

이제 작은 쥐만 잡거라

무욕

어떻게 살아야 하는지
무엇이 되고 싶은지

대충 사는 거 같으면서
최선을 다해 살아가는 모습

배고픔을 해결할 한 줌의 사료에 만족해하며
떠도는 바람 소리에 잠시 눈 맞춤하며

가진 것 없으면서도
다 있는 것처럼 행복하며

고독을 말없이 즐기는 법을 알며
기다림 속에서 관심을 받고 싶어 하며

생각은 쉬지 않고 낯섦에 경계하며
일상을 침묵한다

욕심부리지 않는 삶
고양이한테 배운다

나는 길냥이

나는 길고양이
언제부턴지 모르겠지만
늘 길 위에서 살고 있다

나는 길고양이
길 위에 늘 살고 있지만
나의 안식처는 없다

나는 길고양이
여기저기 눈치를 보며
잠깐만이라도 엉덩이를
붙이고 작은 숨을 쉬어 본다

나는 길고양이
비바람이라도 치는 날이면

따뜻한 엄마 품이 더 생각이 난다

나는 길고양이
오늘도 길 위에서
삶을 좇는다

봉지 밥

뜯다가 흘리고
먹다가 흘리고

밥그릇조차
놓일 공간이 주어지지 않아

비닐봉지에
사료를 담아
너에게 던진다

밥 한 끼
제대로 먹지 못하는
길고양이

봉지 밥을 물고
어느 구석진 곳에서
경계하며 눈치껏 먹는다

미안하다
길 위의 천사들아

길 위 삶

인간 세상 속에서 살기 위해
한쪽 귀를 내어주어도
어떠한 보상도 없고

눈빛이 무섭다고
한밤의 울음소리가 싫다고
쓰레기 봉지를 뜯었다고

온몸이 갈기갈기 찢기는 학대
차가운 추위 속 별이 되기도 하고

길에서 태어났다고
고양이로 태어났다고

인간 세상만사에 속하지 못하네

고양이 별

눈 쌓인
긴 겨울밤
배고픔에
매서운 추위에
칼 같은 바람에
사람들의 무관심 속에
고양이 한 마리가
고양이 별로 갔다

길 고양이

나는 그저 한 마리 작은 고양이일 뿐

나만의 장소에서
한 줌의 사료로 만족해
지나가는 사람들 웃음에
그저 기분이 좋아
골골 그르릉 소리를 내

나는 그저 한 마리 작은 고양이일 뿐

도둑질을 하지 않아
도둑질을 배운 적도 없어
그런데 사람들은 나를 보면
돌멩이를 던져

나는 그저 한 마리 작은 고양이일 뿐

전염병을 옮기지 않아
추운 겨울 추위를 피하기 위해
지하 아파트에 들어갔을 뿐인데
가두어 죽음을 당했지

나는 그저 한 마리 작은 고양이일 뿐

갈 곳이 없어 이리저리 헤매고 있지
조금만 이해해주고 배려한다면
함께 공존해서 살 수 있을 텐데
나의 생만큼

길 고양이 2

하얀 털이 잿빛이 되었네

아무도 모르는 외진 곳을 헤매며
삶을 이어야 하네

주어진 생명을 잇기 위해
오늘도 쓰레기 더미 속으로 들어가네

비가 와도 매서운 눈이 내려도
누구 하나 쳐다보는 이 없네

하늘의 별이 될 때도
별반 다름없이 혼자였네

지치고 힘든 길 위

목적 없는 눈빛으로 미래를 바라보네

무지개 다리 넘어

한자리에만 누워
눈만 깜박깜박
살아 있음을 확인시켜 주듯
홀쭉한 배만 오르락내리락

갑자기 자리에서 일어나
추억을 되새기듯 동네 길을 걷는다
그리곤 해 질 녘 돌아와서는
자리에 몸져누웠다

자신의 마지막인 걸 아는지
눈에서 눈물이 흐르고 있다
금성이 뜨는 새벽녘
고양이는 두 눈을 감았다

내내 지켜보던 나는

어찌할 바를 몰라

멍하니 미동 없는 고양이를 본다

눈물샘이 터져 홍수를 이룬다

냥이야 미안해 지켜주지 못해서

묘비명

참치 통조림 하나 놓고 가거라

미야옹

에필로그

고양이와 사람이 함께 행복할 수 있는 나라가 되길

고양이가 나에게 오다….

고양이는 아홉 개의 삶을 산다.
세 개의 삶은 놀이를 하며 지내고,
세 개의 삶은 방황하며 지내며,
나머지 세 개의 삶은 한곳에 머물러 지낸다.

처음부터 동물을 많이 사랑하지 않는 나였다. 남들보다 심각한 알레르기 체질을 가지고 있으므로 동물을 옆에 두려고 하지 않았다. 예전에 강아지도 키워봤지만 그리 오랫동안 같이 지내지 못하고 결국 다른 곳으로 입양 보내곤 했다. 하지만 고양이가 우리 집에 오고 난 뒤 나는 고양이의 치명적인 매력에 빠져들게 되었다.

나의 첫 번째 고양이 스코티시폴드 품종인 벼리, 그리고 우연한 기회에 치즈태비 고양이를 분양받게 되어 지금의 노랑이와 나비를 만나게 되었다. 처음에는 한 마리만 입양할 생각으로 갔는데 분양자가 9마리 새끼 고양이를 다 데리고 나오는 바람에 주먹만 한 꼬물이 새끼 고양이를 두 마리를 분양 받았다.

그때부터 고양이 집사 만들기 마법에 빠지게 되었다. 집에 온 첫날 새끼 고양이가 없어지는 바람에 온 집 안과 마당 등등을 찾아 헤매어 본 적도 있고, 결국은 거실 스탠드 에어컨 뒤 전선 구멍 속에서 고양이를 찾는 해프닝도 있었다. 호기심 많은 새끼 고양이의 귀여움에 눈이 즐겁고 마음이 따뜻한 나날들이 시작되었다. 하지만 나의 심한 알레르기 증상으로 인해 천식과 비염으로 인한 고생의 날들도 시작되었다. 병원에서는 알레르기의 원인인 고양이를 키우지 말라고 경

고까지 했지만 귀여운 꼬물이들을 보고 있으면 고양이를 포기하고 싶지 않았다. 그래서 다시 알레르기 체질을 바꾸는 알레르기 면역 주사를 시작하게 되었다. 지금도 계속 알레르기 면역 주사를 맞고 있지만 고양이와 한 침대에서 같이 뒹굴 수 있는 행복한 시간을 즐기고 있다. 나처럼 고양이 집사들 중에 알레르기로 고생하는 분이 많은 것으로 알고 있지만 그들 모두 고양이의 매력에 빠져 약과 주사로 알레르기를 다스리며 행복한 고양이 집사의 삶을 살고 있다.

요즘 매스컴을 통해 세상을 보면 '길고양이 학대'나 '길고양이 밥 주지 마세요.', '고양이가 들어오니 문을 닫아주세요', '길고양이 안락사' 같은 이야기들이 있다. 이런 소식을 접할 때마다 마음이 무지하게 아프고 슬픔이 가득 찬다. 또 어떤 곳은 고양이를 지하실 같은 곳에 가두어 죽이기도 하는 잔인한 사람들 때문에 분노하기도 한다. 왜 고양이를 사람들이 싫어할까? 사람들은 '고양이가 쓰레기를 헤집어 놓는다.', '고양이는 요물이다.'와 같은 이유로 변명을 하고 있다.

고양이는 요물이 아니다. 고양이가 먼저 사람에게 해코

지를 하지 않는다. 길을 걸어가는 사람에게 양아치처럼 고양이가 먼저 사람에게 위협을 가하거나 돈을 요구하거나 욕을 하지 않는다. 길고양이에 밥을 주는 사람들은 알고 있지만 고양이는 자신을 좋아해 주는 사람과 싫어하는 사람을 구분하여 자신을 좋아해 주는 사람들에게 다가가서 자신의 몸을 비비거나 애교로 화답한다. 그들의 그런 애교에 캣맘, 캣대디들이 사람들의 눈총을 받아가며 자신의 사비를 털어가며 길고양이들에게 밥을 먹인다. 길고양이들이 쓰레기봉투를 뜯는 이유는 생존 때문이다.

자신들이 먹을 사료만 있으면 고양이들도 지저분한 쓰레기 더미에서 음식을 찾아 먹지 않는다. 고양이들은 자신이 먹을 사료 한 줌만 있으면 주변 바닥을 뒹구는 나뭇잎 하나에도 즐거움을 느끼고 놀이를 즐긴다. 주변의 캣맘들은 그런 고양이의 모습에 위로를 받고 한 줌의 사료만으로도 행복해서 갸르릉거리는 소리가 어느 음악 소리보다 자신을 행복하게 만들어 준다고 말한다. 힘든 캣맘 생활을 하고 계시는 분들을 보면 미안한 마음이 들고, 그들의 용기에 고개가 숙여진다.

가까운 일본에서는 고양이를 복을 가져다주는 행운의 동물이라 믿고, 그들을 아낀다. 나 역시 고양이는 좋은 기운을 내뿜고, 나쁜 기운을 흡수한다고 생각하는 사람이다. 고양이는 기적을 만들 수 있는 마력을 가지고 있다. 고양이를 주제로 만들어진 영화를 보면 고양이로 인해 자신의 삶이 변화되어 행복을 누리는 사람들이 나온다. 이런 일들은 고양이의 좋은 기운이 전해져 가능한 것이라고 생각한다.

지난번 터키 여행 중 길거리에 고양이, 개들이 많이 있는 게 신기했다. 그 나라 사람들은 자신보다 연약한 동물을 보호하며, 자신들이 베풀어야 하는 존재로 여긴다. 길고양이가 배고프면 밥을 주고 아프면 병원에 데려가고 심심해하면 놀아주는 것이 당연하다고 이야기를 한다. 길고양이는 도시의 주인이고 고양이들이 도시에 없으면 길거리가 이상할 거라고 생각을 하고 있다.

사람들이 고양이가 있는 곳에 먹을 것을 던져주는 장면을 본 적이 있다. 그러자 먹을 것을 던진 곳으로 고양이들이 갑자기 뛰어가는 그 모습이 놀라웠다. 한국에서는 사람들이 고양이에게 무엇을 던지면 위협을 가하는 줄 알고 고양이는 더 멀리 도망가 몸을 숨기는데 터키 고양이는 사람이 먹을 것을 던져준다고 생각하고 그곳으로 모였다. 그 장면을 보고 터키 사람들의 동물 사랑에 감탄했다. 터키에서 사는 고양이들이 부러웠고 한국에서 사는 길고양이들이 너무도 비참하게 사는 거 같아 안타까운 마음이 들었다. 우리나라도 처음엔 쥐를 잡기 위해 고양이를 한 마리씩 키우기 시작했을 것이다. 이제는 쥐들이 눈에 보이지 않으니 고양이도 필요없다고 생각할 것이다. 길고양이의 개체 수를 줄이기 위해 TNR(중성화 수술)을 실시하고 있으므로 매년마다 길고양이의 개체 수가 많이 줄고 있다. 이러다가 언젠가는 고양이가 몇 마리 남지 않을 수도 있지 않을까란 생각을 해본다. 그럼 다시 쥐들이 세상 위로 나올 테고…. 그때는 하멜른의 '피리 부는 사나이'를 찾게 되는 비극이 발생하지 않을까 상상을 해본다. 고양이와 사람이 함께 행복한 나라가 되었으면 한다.

이번에도 부족한 글이지만 엮어 책으로 나올 수 있게 아무런 불평 없이 도움을 주신 분들에게 감사드린다. 나의 고양이 벼리, 노랑이, 나비의 사랑스런 모습을 사진과 글로 담기에 많이 부족 하지만 그들과 함께한 순간순간을 추억으로 남기고 싶다. 나를 택해준 그들에게 고마운 마음을 전하고 싶다. 나를 늘 응원해주시는 여러 선생님, 지인들의 마음 감사드리고, 고마운 나의 가족 특히 시아버지 권혁진 아버지께 미흡한 며느리지만 나에게 늘 든든하고 멋진 아버지로 옆에 계셔 주셔서 감사하다는 말을 전하고 싶다. 그리고 듬직한 청년으로 성장한 두 아들 녀석 민기, 선. 늘 미안하고 사랑한다. 마지막으로 책이 나올 수 있도록 성심성의껏 나의 원고를 살펴봐 주신 책나무출판사 편집장 및 직원들에게도 심심한 감사를 전한다.

2018년 여름날에

모든 고양이들이 행복하기를 희망하며

박보현